O Caminho do

SUCESSO

Guia definitivo para se tornar um empreendedor de sucesso.

O Caminho do Sucesso

O Caminho do Sucesso

O Caminho do Sucesso

Sumário

Não se estresse sobre coisas que você não pode controlar
Nunca critique ou reclame
Seja consciente de suas bênçãos
Comemore o sucesso de outras pessoas
Concentre-se em impressionar a si mesmo
Seja específico
Agir no seu objetivo
Enfrente seus medos

--- Parte 6

Como encontrar sua paixão
Faça uma lista de tudo que você ama
Filtre a lista
Faça as atividades
Faça uma viagem ao fundo da sua memória
Procure pessoas que você deseja imitar
Desenvolva a sua criatividade
Não se concentre no dinheiro

--- Parte 7

Enfrente seus medos
Fique confortável com medo
Faça seus pensamentos positivos se tornarem seus pensamentos dominantes
Comece pequeno
Continue praticando
Não fique na escassez

--- Parte 8

Construa sua perseverança
Conheça seu objetivo
Remova qualquer autodúvida que você possa ter
Mantenha suas emoções em cheque
Conheça seus valores essenciais
Continue avançando
Como lidar com problemas inesperados
Enfrente a dura realidade
Pesar cuidadosamente as opções
Ouça a sua voz interior

--- Parte 9

Torne-se mais resiliente e aumente sua teimosia
Mantenha sua mente e corpo saudáveis
Mantenha tudo em perspectiva
Cultive sua espiritualidade
Por que a teimosia é uma parte importante da coragem
Ajuda-te a saber o que desejas
Faz você perseverar em todos os momentos
Faz você ficar por seus valores

--- Parte 10

Aumente sua confiança, otimismo e criatividade
Dicas para aumentar sua autoconfiança

Praticar Afirmações Positivas
Praticar posturas de alta potência
Estar sempre preparado
Acompanhe as suas conquistas
Vestir a parte
Fale Claramente e Lentamente
Dicas para impulsionar seu pensamento positivo
Medite Regularmente
Escreva sobre suas experiências positivas
Faça coisas que você gosta
Dicas para acessar seu lado criativo
Re-conceituar o problema
Anote Ideias
Exercício de Pensamento Contrafactual

Conclusão

Introdução

Todos os anos nos Estados Unidos, mais de 627 mil novas empresas abrem, segundo estimativas da **Small Business Administration**, SBA. Isso é mais do que meio milhão de pessoas decidindo deixar seu emprego de 8 a 5 e partirem por conta própria.

Infelizmente, nem todo mundo tem a capacidade para ser um pequeno empresário, como é evidente pelas quase 595 mil empresas que fecham a cada ano. Para as empresas capazes de decolar e operar, apenas 51% conseguem permanecer no mercado por mais de cinco anos.

Com números tão desanimadores, você pode estar se perguntando se deve se aventurar por conta própria e começar um negócio, e se vai ou não ter sucesso como empreendedor.

A boa notícia é que qualquer um pode se tornar um empreendedor de sucesso com **A MENTALIDADE CERTA**. A mentalidade dos empresários bem-sucedidos é diferente de todos os outros. Há muitas maneiras pelas quais eles pensam e agem de forma diferente, quando se sabe o que está procurando, você começa a pensar e agir como um empreendedor de sucesso.

Para criar um negócio de sucesso, como em qualquer jornada, você precisa ter um "mapa" para saber onde você está e onde quer chegar.

Ter um plano de onde você precisa ir ajudará você a chegar ao seu destino no menor tempo possível. Este livro pretende ser o seu mapa e ajudá-lo a se tornar um empreendedor de sucesso o mais rápido possível.

> **Para ser verdadeiramente bem-sucedido, em qualquer coisa que você faça, você precisa ter a MENTALIDADE CERTA.**

Isso é a mais pura verdade, seja você um atleta de elite, um campeão mundial ou um empresário bilionário. Todas essas pessoas compartilham uma mentalidade específica, e se você quer ser um empreendedor de sucesso e ter sucesso na vida, precisará desenvolver essa mentalidade robusta e focada.

A questão mais importante que você terá que se perguntar no início de sua jornada para o sucesso empresarial é: **POR QUE VOCÊ ESTÁ FAZENDO ISSO?**

A resposta que você dá é aquela que terá que durar pela maior parte da sua vida, então a resposta tem que ser bom o suficiente para que você não vacile, mesmo nos piores momentos.

Ficar concentrado e direcionado para alcançar seus objetivos e encontrar sucesso exigirá que você religue seu cérebro.

No entanto, se você nunca chegou a um ponto baixo ou a um ponto de virada, como vai fazer isso? Como você pode entrar na zona e ficar lá o tempo todo? Encontrar a zona e ficar lá mês após mês, ano após ano, não é uma tarefa fácil. É por isso que a questão de por que você está fazendo isso é tão importante.

Parte 1

Entendendo a mentalidade empreendedora

Quem você é, o que você pensa, seus hábitos pessoais, sua atitude, seus pensamentos e suas crenças determinarão os resultados que você obtém, independentemente do que você faz em sua vida.

Desenvolver uma mentalidade empreendedora é uma das melhores coisas que você pode fazer. Ela te ajuda a se desafiar, reconhecer, superar e mudar o que não está funcionando em sua vida.

Como um empreendedor de sucesso, você precisa entender rapidamente que sua mentalidade é o seu **NEGÓCIO**. Ela representa o caminho que você seguirá e com que rapidez você alcançará o sucesso.

A mentalidade do empreendedor começa com a sua empolgação com o sucesso que ainda está por vir. Os empreendedores bem-sucedidos podem ver a oportunidade colocada diante deles e passar horas sonhando com o sucesso que conseguirão e como se sentirão quando se tornar realidade.

> **São esses SONHOS que alimentam o fogo.**

Sem isso, a motivação para qualquer empreendimento desaparecerá rapidamente. Muitas pessoas acreditam que um negócio de sucesso depende exclusivamente do modelo de negócios.

No entanto, há mais do que isso. Para realmente encontrar sucesso como empreendedor, você precisa desenvolver uma mentalidade empreendedora.

Então, o que implica ter uma mentalidade empreendedora?

O espírito de um empreendedor

O que você imagina que é um empreendedor? Provavelmente pensa em um indivíduo trabalhador, inteligente e sabe como se relacionar, alguém criativo e capaz de assumir riscos calculados.

Os empreendedores podem ter excelentes habilidades de liderança e outras qualidades que os tornam bem-sucedidos. Embora essas qualidades sejam parte integrante de todo empreendedor, **NEM TODOS** os empreendedores de sucesso têm essas qualidades em abundância.

O fato é que alguns empreendedores carecerão de algumas qualidades por completo, ao mesmo tempo que têm uma riqueza de outras qualidades.

Então, qual é a semelhança entre todos os empreendedores? Qual é a única coisa que todos os empresários de sucesso possuem?

Para 99% dos empreendedores de sucesso, eles têm o espírito de empreendedorismo em comum. Isso significa que eles não podem aceitar o status quo. No fundo, empreendedores de sucesso são "rebeldes". Eles são rebeldes que não estão dispostos a se conformar aos padrões estabelecidos por outros. Eles se empurram para além desses limites definidos.

É esse espírito que lhes permite enfrentar uma infinidade de problemas e ver as soluções e oportunidades apresentadas. É o mesmo espírito que lhes permite superar o medo do fracasso e superar as dúvidas. Permite-lhes improvisar, inovar, inventar e criar novos caminhos e negócios, onde não existem.

O espírito empreendedor é a crença imortal na própria capacidade. É a firme convicção de que todos nós temos um papel a desempenhar na formação da sociedade através da criação de soluções empresariais para algumas vidas.

> **A maioria das qualidades que os empreendedores possuem é uma manifestação do espírito empreendedor.**

Quando confrontados com um problema, os empreendedores exercitarão a desenvoltura. Quando confrontados com uma situação que eles não podem controlar imediatamente, um empreendedor de sucesso perseverará sempre.

Como empreendedor iniciante, uma coisa que você deve entender é que o espírito empreendedor transcende os negócios.

Como nutrir seu espírito empreendedor

Se você está continuamente olhando para o mundo ao seu redor e vendo do jeito que você quer que seja e não como é, este é o seu espírito empreendedor esperando para ser liberado. Isso ocorre porque no centro do espírito empreendedor está a capacidade de imaginar o que é possível.

O espírito empreendedor pode ser resumido aos seis P's:

- Passion (Paixão)
- Path (Caminho)
- Positivity (Positividade)
- People (Pessoas)
- Perseverance (Perseverança)
- Productivity (Produtividade)

Essas são as ferramentas essenciais que possibilitarão que você atinja seus objetivos e obtenha sucesso empresarial.

Passion (Paixão)

Paixão é o fogo que te leva. É por isso que você quer se tornar um empreendedor. É o que lhe dá a motivação para se envolver em qualquer empreendimento que você deseje participar. É a necessidade que você tem de fazer a diferença no mundo ao seu redor.

Como você definiu em sua jornada empreendedora, você precisa ter tempo para descobrir o que você está genuinamente apaixonado.

Quando você amarra sua paixão a uma ideia de negócio, ela ajuda a impulsionar e aumentar sua motivação para ter sucesso. Sem paixão, você nunca encontrará sucesso empresarial real ou liberdade. Na verdade, se você começar um negócio que não é apaixonado, você é igual as pessoas que fica em um emprego que odeiam.

A ideia por trás de todos os negócios de sucesso é a necessidade de resolver um problema. Ao amarrar sua paixão a esse problema, você estará pronto para o sucesso empreendedor.

Path (Caminho)

Embora seja sua paixão que motiva você a trabalhar em seu negócio, um caminho te mostra onde será a realização de sua ideia de negócio, a fim de garantir que, quando se deparar com desafios e retrocessos de experiência, você perseverará. Quando você tem um caminho a seguir, você será capaz de obter o sucesso que deseja, porque permite que você tome uma ação impactante e seja produtivo.

| **O sucesso nos negócios não é fácil.**

Quando você tem um roteiro, agir é mais natural, o que resulta em ser capaz de alcançar o sucesso do negócio com facilidade. Seu caminho deve detalhar todas as coisas que você precisa fazer para alcançar o sucesso do negócio.

Positivity (Positividade)

A positividade toca e influencia tudo o que fazemos nos negócios, bem como na vida. Se você estabelece uma empresa e espera que ela falhe, você acabou criando uma profecia auto-realizável, porque você atrai tudo o que manifesta através de seus pensamentos. Se suas opiniões sobre sua empresa forem negativas, você verá um crescimento negativo como resultado.

Praticando o poder da positividade, especialmente quando você enfrenta desafios e retrocessos, irá permear todos os aspectos do seu negócio. Seus pensamentos positivos ajudarão você a encontrar soluções inovadoras para os problemas mais exigentes.

People (Pessoas)

Para ser um empreendedor de sucesso, você precisa procurar e construir redes fortes. Seu sucesso como empreendedor depende da sua capacidade de se conectar e interagir com as pessoas. Isso inclui fornecedores, funcionários, colegas de trabalho, mentores e outras pessoas ao seu redor.

Sem um sistema de suporte, a sua paixão pelo seu negócio irá falhar, juntamente com a sua motivação para implementar os passos no seu caminho. Seu sistema de suporte ajudará a mantê-lo motivado, incentivá-lo nos momentos difíceis, responsabilizá-lo e orientá-lo. Isso ajudará a tornar sua jornada para o sucesso empresarial valer a pena.

Ao longo de sua jornada empreendedora, você precisa construir um sistema de suporte robusto que consista de mais do que seus funcionários e familiares próximos. Você precisa aprender como se tornar um ***networker*** proficiente e entender a importância de participar de eventos sociais.

Networking como um profissional exige muita prática, mas com tempo suficiente você pode se tornar um astro em rede e construir um forte grupo de conexões para o sucesso de seus negócios.

Perseverance (Perseverança)

Empresários que são bem-sucedidos, conseguiram assim porque nunca desistiram de seus sonhos. A própria natureza de um empreendedor não é complementar ao espírito de não desistir. Se você não tem a habilidade de encarar as dificuldades e encarar os desafios que enfrenta, nunca conseguirá o sucesso nos negócios, porque o trabalho árduo e a perseverança são o que é preciso para ser bem-sucedido.

O sucesso do seu negócio depende da sua capacidade de encarar fracassos e encontrar a coragem de seguir em frente até que você tenha alcançado seus objetivos. Isso requer que você aumente sua coragem e perseverança.

Productivity (Produtividade)

A única coisa que determinará o quão rápido ou lentamente você alcança o sucesso nos negócios é a sua capacidade de usar bem o tempo.

Se em vez de trabalhar nas etapas descritas em seu caminho, você navega sem rumo nas redes sociais, assiste a vídeos no YouTube ou passa o dia navegando na Web, levará anos para alcançar o sucesso como empreendedor.

Alcançar o sucesso como empreendedor exige muito trabalho. O trabalho árduo que você faz tem que ser focado no alvo, porque se você não tiver foco, alcançar o sucesso levará muito mais tempo. Você precisa se concentrar em completar uma tarefa de cada vez, além de minimizar as distrações e a procrastinação.

Quando você fomentar essas seis ferramentas, você começará a ver oportunidades de negócios em todos os lugares ao seu redor e será capaz de capitalizar essas oportunidades, porque você estará na mentalidade certa.

Parte 2

Características Comuns dos Empreendedores de Sucesso

Nem todo mundo tem as características para ser um empreendedor. Existem traços específicos que você precisa ter para obter sucesso como empreendedor. Para ver os resultados que você está procurando em sua jornada empreendedora, você tem que começar a desenvolver algumas das mesmas características que são comumente encontradas em empreendedores de sucesso.

As pessoas de sucesso têm certos hábitos e formas de se comportarem. Isso lhes dá a capacidade de realizar mais durante o dia e permite que eles tenham a mentalidade certa.

Enquanto algumas pessoas nascem com essas características, a maioria das pessoas que sonha em se tornar empreendedores de sucesso tem que trabalhar para desenvolver essas características e incorporá-las em suas vidas diárias.

As 7 características do empreendedor de sucesso

Aqui estão as sete principais características que você precisa ter, se quiser encontrar sucesso como empreendedor.

Tenacidade

A primeira característica que os empreendedores mais bem-sucedidos possuem é a tenacidade. Quando se trata de negócios, a tenacidade significa que você não leva a culpa pessoalmente e continua trabalhando, às vezes por anos, para obter as coisas que deseja em sua vida.

Um empreendedor tenaz nunca desiste e pode se recuperar quando enfrenta contratempos e desafios. Quando eles se deparam com obstáculos e experimentam contratempos, eles não desistem; em vez disso, tentam algo novo ou tentam fazer isso de outra maneira.

Pessoas normais tendem a desistir quando ficam frustradas ou quando algo é muito difícil.

Empreendedores, por outro lado, simplesmente encolhem os ombros e avançam com o plano.

Muitas vezes, é assumido erroneamente que as pessoas bem-sucedidas não experimentam o fracasso. No entanto, eles têm uma maior chance de experimentar falhas em suas vidas, porque eles nunca desistem de tentar.

A diferença entre pessoas bem-sucedidas e o resto da população é que as pessoas bem-sucedidas entendem que o fracasso é apenas uma parte do jogo e continua avançando em face do fracasso.

Paixão

É uma suposição comum que empreendedores de sucesso são movidos por dinheiro.

No entanto, a maioria dos empresários irá dizer-lhe que eles são movidos por sua paixão por seu serviço ou produto. Eles são movidos por sua necessidade de resolver um problema e tornar a vida melhor, mais confortável e mais barata. Eles acreditam que serão capazes de mudar o mundo. Eles estão empolgados com o que estão fazendo e acreditam que sua paixão os levará a superar os tempos difíceis.

Ter uma paixão baseada na missão específica do seu negócio fornece uma motivação intrínseca e a crença de que a recompensa interna ajudará a sustentá-lo entre os dias de pagamento.

É a paixão pelo que você faz que vai te empurrar para ir mais longe. Sua paixão lhe proporcionará a empolgação de ir trabalhar todos os dias e fazer as coisas acontecerem. Você começará a se animar para ver o que pode acontecer.

Tolerância de ambiguidade

Esse traço de personalidade é definido apenas pela capacidade de resistir ao medo da incerteza e do fracasso potencial. Empreendedores de sucesso são tomadores de risco inerentes. A capacidade de controlar a ansiedade é a característica mais crítica dos empreendedores de sucesso.

Empresários enfrentam uma abundância de medos; o medo da humilhação, o medo de ficar sem dinheiro, o medo de perder a folha de pagamento, o medo de ter que declarar falência e a lista continua.

O empreendedor de sucesso é capaz de olhar com medo no rosto e avançar com seu plano.

O derradeiro teste empreendedor acontece no campo de batalha mental. Você tem que decidir ou ir com o medo e sair ou empurrar o medo e seguir em frente na busca de seus objetivos. Empresários de sucesso sempre empurram o medo. Eles são capazes de controlar seus pensamentos e se comprometer mentalmente com seu plano e as ações que se seguem.

O empreendedor vai olhar para uma situação e saber que eles têm algum controle sobre o resultado.

Visão

Um dos traços definidores de todos os empreendedores de sucesso é sua capacidade de identificar uma oportunidade e imaginar algo em que os outros não o fizeram. Os empreendedores têm uma curiosidade inerente sobre o mundo ao seu redor que lhes dá a capacidade de identificar nichos negligenciados e colocá-los na vanguarda da inovação e dos campos emergentes. Eles são capazes de imaginar um outro mundo e têm a capacidade de comunicar sua visão para os outros.

Empresários de sucesso estão sempre procurando maneiras de mudar as coisas ao seu redor e torná-los diferentes, únicos e melhores. Eles estão dispostos a assumir o risco de ver sua visão se tornar realidade porque sabem que será algo grande.

Auto confiança

Um traço empresarial crítico é a autoconfiança. Se você não acredita que você tem o que é preciso para fazer alguma coisa, então as chances são que você não terá sucesso em seu empreendimento.

Você tem que ter fé em seus pensamentos e opiniões e saber que você é capaz de realizar qualquer coisa que você coloca sua mente para alcançar. Você tem que ter certeza de que seu produto ou serviço é algo que o mundo precisa e que você pode entregá-lo para superar os pessimistas em sua vida.

Os pesquisadores descrevem isso como confiança específica da tarefa. É uma crença que transforma a proposta de risco e fornece a garantia de que você pode fazer o trabalho com base na pesquisa que você realizou. Você tem que ter confiança e estar disposto a assumir riscos calculados.

Os empreendedores bem-sucedidos sabem que estão certos e estão confiantes de que estão tomando as decisões certas para sua vida.

Flexibilidade

Sua capacidade de sobreviver nos negócios depende da sua capacidade de se adaptar e ser flexível para o mundo em constante mudança. O produto final ou serviço que você oferece provavelmente será diferente de quando você começou. Flexibilidade é o que lhe permite responder às mudanças de gostos e condições de mercado e é essencial se você quer ser um empreendedor de sucesso.

Se você é incapaz de permanecer flexível em sua jornada para o sucesso empresarial, você vai estar em uma grande decepção. Isso ocorre porque nos negócios algo acabará dando errado.

Aqueles que são bem-sucedidos entendem que as coisas nem sempre estão indo do jeito que querem ou planejam. Eles são capazes de ver quando as coisas estão saindo do rumo, descobrir por que estão saindo do rumo e fazer os ajustes necessários para voltar ao caminho.

Gerenciamento de tempo

A diferença entre as pessoas bem-sucedidas e o resto da população é que elas são capazes de gerenciar adequadamente o tempo que elas têm. Eles são indivíduos altamente organizados, o que lhes permite concluir tarefas sem perder tempo. Isso faz com que eles consigam realizar mais durante o dia, sem precisar gastar horas excessivas.

Desenvolver essas características e incorporá-las em sua vida diária pode tornar seu empreendimento empresarial muito mais gerenciável e pode ajudá-lo a alcançar o sucesso que você sempre sonhou em possuir. Tire algum tempo para olhar sua vida e ver quais dessas características você já possui e quais você precisa desenvolver.

Parte 3

O que é o Determinação?

Determinação é a qualidade única que faz você disposto e pronto para comprometer-se com seus objetivos de longo prazo e persegui-los, apesar de qualquer adversidade que você pode enfrentar.

> **A determinação é definida como ter um caráter firme e um espírito indomável.**

Isso significa que as pessoas determinadas são corajosas têm uma atitude firme e permanecem firmes nas decisões que tomam.

A renomada psicóloga americana, **Angela Duckworth**, pesquisou profundamente o assunto e fez muitas descobertas sobre a coragem. Ela afirma que, se você tem coragem, você tem paixão pelas metas que busca e tem a perseverança para perseguir, apesar dos desafios e retrocessos que você pode experimentar.

Ela também descobriu que aquelas pessoas que não têm coragem não conseguem alcançar e realizar seu potencial, mesmo quando são incrivelmente talentosas.

Enquanto a essência exata da coragem ainda é evasiva, existem algumas características significativas que você tem que possuir para ser genuinamente determinado e tenaz e encontrar sucesso empresarial.

Características da determinação

Para cumprir todas as metas que você definir e encontrar o sucesso empresarial, você deve possuir as seguintes características essenciais.

Bravura e coragem

A coragem é um elemento difícil de medir, mas está diretamente relacionado à coragem. Quanto mais valente você é, mais ousado você se torna. Ser corajoso significa que você pode atenuar seu medo de fracassar e não tem medo de seguir em frente, apesar das dificuldades que você enfrenta.

As pessoas super corajosas não tem medo de serem derrotados. Em vez disso, eles abraçam seus medos como parte inevitável do processo.

As pessoas que possuem coragem entendem que para alcançar seus objetivos; elas precisam passar pela derrota e experimentar o fracasso em algum momento de sua vida e entendem que podem aprender lições valiosas de seus fracassos e erros do passado.

Elas sabem que a suscetibilidade da persistência é um pré-requisito para alta realização. Ter a coragem de enfrentar seus medos é um pré-requisito para ser corajoso.

Consciencioso

Consciência é a característica que está mais intimamente relacionada com a coragem. Existem dois tipos de pessoas conscientes: as realizadas, que são voltadas para objetivos e as que se autocontrolam.

Se você tem um objetivo e é um indivíduo orientado para a realização, então você permanecerá focado até atingir todos os seus objetivos.

No entanto, se você não for orientado para as conquistas, não terá o impulso para progredir e atingir seus objetivos. Para ter coragem, você tem que ser consciencioso na medida em que você persegue seus objetivos até que você os cumpra.

Resiliência

Na longa jornada para a realização e sucesso, é inevitável que você tropece e caia. Se você tem coragem, você será capaz de voltar a si e, eventualmente, atingir os objetivos que você definiu para si mesmo.

E isso é conhecido como resiliência.

A resiliência no sentido figurado é descrita como a capacidade de se recobrar facilmente ou se adaptar à má sorte ou às mudanças.

> **A resiliência é uma combinação única de confiança, criatividade e otimismo.**

Quando combinadas, essas duas qualidades dão a você o poder de reavaliar várias situações e regular suas emoções.

Sua confiança em suas habilidades lhe dá a crença de que você pode influenciar o seu entorno e o resultado de diferentes eventos.

Sua criatividade é o que ajuda você a identificar seu propósito significativo, e seu otimismo ajuda você a entender que tanto as experiências negativas quanto as positivas na vida o ajudam a continuar crescendo e aprendendo.

Resistência e Definição de Metas de Longo Prazo

Outra característica proeminente que aqueles que possuem determinação é a resistência. Quando você está seguindo o caminho de empreendedores de sucesso, você tem que ter a capacidade de suportar todos os obstáculos e desafios que você experimenta e permanecer comprometido em alcançar seus objetivos de longo prazo.

Além de ter resistência e perseverança, ser teimoso exige que você defina metas de longo prazo e siga-as.

Para alcançar o sucesso na vida, você precisa ter metas de longo prazo e deve persegui-las até o fim. Você tem que estar disposto a investir longas horas em seu trabalho e praticar o que você faz melhor até dominá-lo.

Isso permitirá que você elimine todos os obstáculos em seu caminho para alcançar seus objetivos eventualmente.

> É necessário que sua prática tenha algum propósito, ou você acabará gastando seu tempo fazendo atividades sem nenhum motivo.

Quando você não tem um propósito e objetivo na vida, você nunca pode se tornar bem-sucedido. Para ter sucesso em algo, você tem que ter um objetivo final que você deseja alcançar.

Seus objetivos duradouros fornecem a estrutura e o contexto de que você precisa para encontrar o valor e o significado de seus esforços de longo prazo que o ajudam a cultivar a sustentabilidade, o impulso, a resistência, a paixão e a coragem.

Paixão

Quando você é apaixonado por algo, você se compromete a alcançar essas coisas. A paixão é outra característica significativa da determinação. Para você se tornar inteiramente dedicado a alcançar seus objetivos, você precisa ser apaixonado por eles.

Isto é porque a paixão é o que lhe dá a força motriz e atraente para prosseguir até mesmo as tarefas mais desafiadoras. Sua paixão é o que motiva você a continuar perseguindo seus objetivos. Ele mantém você passando pelos desafios e retrocessos e o mantém dedicado a realizar seus objetivos mesmo nos piores cenários. Ser apaixonado por algo é essencial para se tornar corajoso.

Parte 4

Desenvolvendo a coragem para se tornar bem-sucedido

Você acabou de aprender o que é preciso para ser corajoso, mas você sabe por que é vital desenvolver a coragem?

Ter coragem é o que vai motivá-lo a perseguir e realizar seus sonhos. Desenvolver a coragem irá ajudá-lo a se motivar a treinar-se para adquirir essa característica que irá garantir o seu sucesso.

É importante para a sobrevivência

Muitos especialistas acreditam que a coragem é a principal característica que você precisa se quiser sobreviver a qualquer coisa. É a qualidade que ajuda os cadetes a sobreviverem a West Point de acordo com a pesquisa.

A coragem permite que você se torne dedicado a um objetivo. Dá-lhe o sentido de direção que você precisa e ajuda você a entender que a chave para sobreviver e prosperar em qualquer coisa é a perseverança.

Ela ajuda você a emergir vitoriosamente

A coragem não só ajuda você a superar as dificuldades e sobreviver a contratempos, como também garante que você acabará por sair vitorioso. É a qualidade que diferencia quem ganha e quem perde.

Se você tem coragem, sabe que nada pode impedi-lo de vencer. Você pode perder de vez em quando, mas sua dedicação e força mental o manterão indo dia após dia e, eventualmente, você será bem-sucedido apesar das probabilidades que estão contra você.

Permite que você siga seus sonhos

Quando você tem coragem ao seu lado, nada será impossível para você realizar, porque você sabe o que é preciso para superar desafios e perseguir seus sonhos até que eles se tornem uma realidade.

Se você tem coragem, você pode definir os objetivos mais difíceis e ter a confiança de que você irá alcançá-los.

Coragem faz você bem-sucedido

Uma das melhores coisas da coragem é que ela te faz próspero e bem-sucedido apesar do fato de você não ser um super gênio ou incrivelmente talentoso.

Esta é uma excelente notícia para todos que possam ter um QI baixo ou que tenham sido criticados pela sociedade por não terem o talento para perseguir seus sonhos.

Você não precisa ter um QI extremamente alto ou inteligência excelente para seguir suas paixões e se tornar bem-sucedido.

| Tudo que você precisa é de coragem.

Coragem melhora o seu autocontrole

Seu autocontrole ou autodisciplina costuma ser considerado a chave essencial para alcançar seus objetivos e permanecer dedicado ao caminho em que você está. Se você não for disciplinado o suficiente para fazer o que precisa fazer, fracassará no cumprimento de suas metas. Quando você é disciplinado, você é capaz de desconsiderar e eliminar todas as distrações que o impedem de alcançar seus objetivos.

Além disso, o autocontrole que você tem aumenta quando você desenvolve a coragem. Isso é porque para adquirir coragem; você precisa ser rigoroso consigo mesmo e se disciplinar a ponto de não se distrair com as coisas que tendem a destruir seu foco.

Trabalhando na construção de si mesmo, você aumenta sua autodisciplina, o que aumenta sua dedicação para alcançar seus objetivos.

A coragem te faz destemido

Quando você tem coragem, você não fica com medo dos obstáculos que você enfrenta ou de qualquer situação que você encontre. Sua mente permanece focada na imagem maior que nunca está fora de sua vista. Como resultado, você não vê nada além de alcançar seu objetivo final, mesmo quando enfrenta uma situação assustadora.

Quando você se torna destemido, você começa a ganhar o potencial para superar qualquer obstáculo que enfrente em qualquer situação.

A coragem lhe dá o poder de vencer as probabilidades que são empilhadas contra você e provar ao mundo que você pode fazer qualquer coisa.

Libera seu otimismo, confiança e poder criativo

Outra grande razão pela qual você precisa desenvolver sua coragem se quiser se tornar um empreendedor de sucesso é que isso ajuda você a liberar seu otimismo, confiança e poder criativo. Dá-lhe a capacidade de acreditar em si mesmo.

Isso é importante porque fornece a capacidade de extrair o positivo das situações mais negativas e sombrias que você enfrenta; ajudando você a desenvolver uma visão positiva de tudo em sua vida.

Quando você aprimora sua abordagem otimista, sua capacidade criativa começa a crescer. Isso lhe dá a capacidade de olhar para fora da caixa e criar novas ideias para resolver até mesmo os problemas mais complicados.

> **A coragem lhe dá o poder de aumentar seu potencial e realizar qualquer coisa que você deseja.**

É essencial que você desenvolva a coragem se você quiser se tornar um empreendedor de sucesso, e isso traz consigo muitas qualidades que ajudam a torná-lo um indivíduo melhor, mais poderoso e mais forte que pode realizar tudo o que deseja na vida.

Parte 5

Hábitos das Pessoas Corajosas

Até agora você deve ter uma compreensão clara do que é coragem e por que é essencial para você desenvolver se você quiser encontrar sucesso como um empreendedor.

Quando você começa a entender os hábitos das pessoas corajosas, sua compreensão do que é coragem deve se tornar mais evidente.

Aqui estão algumas coisas que todas as pessoas corajosas fazem que as tornam bem-sucedidas em seus empreendimentos. Ao aprender esses hábitos, você pode começar a trabalhar para incorporar essas práticas em sua jornada para tornar-se corajoso e encontrar sucesso.

Sempre mostre que você está no controle total

Uma parte de ser corajoso é agir como se tudo dependesse de você e sozinho. Você precisa mostrar a todos que você está gerenciando tudo e tem controle total. Isto é o que todas as pessoas corajosas e bem-sucedidas fazem.

> **Pessoas de sucesso não se preocupam com os conceitos de boa e má sorte.**

Em vez disso, eles agem como se seus fracassos e sucessos estivessem inteiramente sob seu controle e são eles que decidem se falharão ou terão sucesso, e não um poder superior.

Se eles tiverem sucesso ou fracassar, eles entenderão que isso aconteceu por causa de algo que eles fizeram ou não fizeram. Eles não desperdiçam sua energia mental em se preocupar com todas as coisas que podem ou não ocorrer.

Em vez disso, eles investem seus esforços e trabalho duro para fazer grandes coisas acontecerem para eles. Eles mantêm a crença de que você não tem controle sobre a sorte ou o destino, mas você tem total controle sobre si mesmo. Eles acreditam que você é a única pessoa responsável pelo que recebe na vida.

Para tornar-se arrojado em sua própria vida, você precisa começar a assumir o controle de si mesmo e de tudo em sua vida. Você precisa parar de culpar seus fracassos por azar e tomar de volta as rédeas de sua vida.

Aprenda lições com seu passado

As pessoas de sucesso nunca se apegam às suas falhas ou erros passados. Você observará que, embora eles tenham cometido vários erros no passado e com certeza erraram um milhão de vezes, eles não se apegam a esses erros.

Em vez disso, eles usam sua história como um meio de treinamento valioso e aprendem lições com esses erros, para que não cometam os mesmos erros no futuro. Quando algo horrível acontece com eles, ou quando cometem um erro terrível, eles ficam chateados, mas eles não demoram muito pensando nesses tipos de pensamentos.

As pessoas bem-sucedidas com coragem percebem seus fracassos e erros do passado como uma valiosa oportunidade de melhorar a si mesmos e descobrir o que fizeram de errado. É isso que os ajuda a definir e alcançar novos marcos e a descobrir maneiras melhores de encontrar sucesso.

Se você quer se tornar bem-sucedido e corajoso, você tem que parar de pensar no seu passado e nos erros que você cometeu.

> **Você tem que perceber que o seu passado não define você.**

Na verdade, o seu passado é apenas uma maneira de treinar e melhorar a si mesmo. Você precisa pensar sobre o que deu errado, descobrir como mudar seus erros e seguir em frente.

Não se estresse sobre coisas que você não pode controlar

Não faz sentido desperdiçar seu tempo com coisas que você não pode controlar. Haverá momentos em sua vida que você não terá nenhum controle sobre o que está acontecendo.

Quando isso acontecer, você precisa lembrar de não dar a eles nenhuma importância e fazer o que você pretende de qualquer maneira.

Se você quer obter o sucesso que deseja, você tem que deixar as coisas que você não pode controlar. É o que todas as pessoas corajosas fazem.

Pessoas corajosas não se preocupam com as coisas que não podem mudar porque sabem que seria um desperdício de tempo. Em vez disso, eles olham para a situação e tentam encontrar uma maneira de se extrair da bagunça, então, mesmo que as coisas dêem errado, elas sempre têm um plano B.

Nunca critique ou reclame

Se você ainda não sabe, mas **SUAS PALAVRAS POSSUEM PODER TOTAL SOBRE VOCÊ**. Quando você diz algo negativo sobre si mesmo, imediatamente cai na armadilha da negatividade e começa a pensar mal em si mesmo. Pessoas com tremenda coragem entendem isso, e é por isso que nunca dão seus pensamentos e palavras poder sobre si mesmos.

Em vez disso, eles capacitam seus pensamentos e os gerenciam. Quando surge um problema, as pessoas com garra não reclamam, criticam-se ou reclamam. Eles sabem que isso não lhes fará bem, fazendo-se sentir fracos.

Alternativamente, eles levam o assunto a sério e o avaliam de uma perspectiva otimista, permitindo-lhes encontrar uma solução para o problema.

Se você quer ser um empreendedor de sucesso e desenvolver sua coragem, precisa fazer o mesmo. Você deve aprender a nunca desperdiçar seu tempo e energia falando e pensando sobre o que deu errado.

Em vez disso, você precisa concentrar sua energia em falar e pensar em maneiras de melhorar a situação. Isso, por sua vez, fará com que você se sinta melhor, lhe dê esperança e, eventualmente, ajude a encontrar uma solução para o problema.

Seja consciente de suas bênçãos

As pessoas que possuem coragem não são apenas dedicadas à sua missão e não estão apenas trabalhando para fortalecer suas mentes; eles também estão cientes de todas as bênçãos que lhes foram concedidas e estão conscientes deles. Eles sabem quão abençoados são e não aceitam nada como garantido.

É assim que eles são capazes de melhorar suas vidas continuamente. Eles pagam sua gratidão ao universo.

Isso os ajuda a encontrar e convidar melhores oportunidades e experiências para suas vidas.

Isso é exatamente o que você precisa fazer se quiser se tornar bem-sucedido. Você precisa gastar tempo todas as noites pensando em tudo que você é abençoado e parar de se preocupar com as coisas que você não tem. Isso ajudará você a se sentir melhor consigo mesmo e a encorajá-lo a lutar por coisas ainda melhores.

Comemore o sucesso de outras pessoas

Todos ficam felizes quando alcançam o sucesso. No entanto, para ser genuinamente corajoso, você precisa celebrar as vitórias de seus colegas e concorrentes. Isso irá ajudá-lo a alcançar a força mental que você precisa para ter sucesso em seus empreendimentos. Pessoas genuinamente violentas não franzem o cenho quando seus concorrentes alcançam o sucesso.

Em vez disso, eles aplaudem seu sucesso e trabalho duro. Elogiar pessoas de sucesso aproxima-as de você e, quando você se cerca de pessoas de sucesso, aprende coisas novas e surpreendentes para ajudá-lo a melhorar sua vida.

Concentre-se em impressionar a si mesmo

> Tentar impressionar as pessoas ao seu redor é uma perda de tempo e energia.

Pessoas bem-sucedidas e corajosas entendem isso. Eles sabem que nunca serão capazes de satisfazer plenamente e impressionar a todos por causa do conhecimento de que não importa o que você faça para outras pessoas, eles sempre reclamarão de algo. Em vez disso, pessoas corajosas gastam seu tempo se impressionando, permitindo que estabeleçam metas mais altas para si mesmas.

Você precisa se concentrar em influenciar e impressionar a si mesmo, porque você é o único que realmente se importa e sempre fará o que é de seu interesse.

Seja específico

As pessoas de sucesso são específicas sobre os objetivos que elas definem para si mesmas. Quando eles embarcam na jornada para alcançar seus objetivos, eles sabem exatamente o que precisam para realizá-los.

Por ser específico, eles ganham clareza e são capazes de remover qualquer ambiguidade em relação aos seus objetivos. Se você quer começar a alcançar seus objetivos com mais sucesso, precisa começar a ser específico sobre o que deseja em sua vida.

Saber exatamente o que você quer realizar ajudará a mantê-lo motivado a alcançar seus objetivos e a seguir em frente até que você as alcance. Ser específico permite que você crie um plano estratégico para obter exatamente o que deseja.

Agir no seu objetivo

As pessoas de sucesso tendem a ser extremamente ocupadas porque estão tentando conciliar vários objetivos de uma só vez. Apesar disso, eles ainda conseguem completar todo o seu trabalho. Isso é possível porque eles aproveitam o momento e agem em seus objetivos assim que os definem.

Quando as pessoas corajosas estabelecem uma meta, elas imediatamente iniciam sua jornada para realizá-las e dão os primeiros passos necessários para torná-las realidade. Isso é o que os diferencia do resto da população.

Se quiser ter o mesmo sucesso, você precisa encontrar uma maneira de capturar o momento e aproveitar ao máximo as ações para alcançar seus objetivos. Pare de desperdiçar seu tempo e faça algo benéfico.

Enfrente seus medos

Pessoas corajosas não param de avançar apenas porque experimentaram um revés ou tiveram um desafio. Eles não culpam seus fracassos pelos outros. Eles os enfrentam com tenacidade e coragem e nunca param de seguir em frente.

Enfrentar seus medos é o que os empurra para frente e, eventualmente, traz sucesso. Se você quer desenvolver sua coragem e se tornar bem-sucedido, você tem que aprender a abraçar seus medos de braços abertos.

Agora que você sabe quais hábitos precisa adotar para tornar-se violento, é possível seguir em frente e começar a trabalhar para desenvolver sua própria coragem para se tornar um empreendedor de sucesso.

Parte 6

Como encontrar sua paixão

Para iniciar sua jornada para desenvolver a coragem e ter sucesso como empreendedor, você precisa encontrar sua paixão e persegui-la. Este é o primeiro passo crítico para ter coragem.

> **Você precisa descobrir o que você é genuinamente apaixonado e ir atrás disso.**

As coisas pelas quais você é genuinamente apaixonado e obsessivo envolvem adversidades e desafios. Você geralmente não domina a sua paixão, tornando-as as coisas que levam você a melhorar a si mesmo e inspirá-lo a seguir em frente com a realização de seus objetivos.

Perseguir sua paixão é um processo gratificante. É por isso que encontrar sua paixão não é apenas algo que te excita, mas faz você fazer coisas que você nunca pensou que faria.

Quando você se propõe a atingir seus objetivos, você segue um caminho totalmente novo e diferente do que está acostumado. Isso ajuda você a perseverar, que é uma das características das pessoas corajosas.

Um passo essencial no desenvolvimento da sua coragem é descobrir o que você é apaixonado e começar a perseguir essas paixões. Se você não sabe o que você está animado, aqui estão alguns exercícios que você pode praticar para ajudá-lo a descobrir suas paixões.

Faça uma lista de tudo que você ama

Comece criando uma lista de tudo que você gosta de fazer. Anote tudo o que vier à sua mente. Continue anotando ideias. Este passo serve para ajudá-lo a se concentrar nas coisas que você adora fazer.

Filtre a lista

Depois de ter terminado de escrever o que você ama, você precisa filtrá-lo. Sua lista conterá muitas coisas que você adora fazer, mas não é boa, e coisas de que gosta, mas não está interessada.

Aproveite o tempo para percorrer a lista e encontrar as coisas que realmente o empolgam. Concentre-se em cada atividade e descubra as coisas que você gosta e que você é bom. Tomando o tempo para analisar sua lista irá ajudá-lo a descobrir o que você está genuinamente apaixonado.

Faça as atividades

À medida que você reduz a lista e descobre as coisas pelas quais acredita ter paixão, é uma boa ideia realizar as atividades selecionadas para descobrir se é realmente apaixonado por elas.

Quando você está fazendo as atividades, precisa se concentrar no sentimento que sente. Se isso faz você se sentir bem e excita você, é algo que você está apaixonada. Você ganha pontos de bônus se é algo que você é bom também.

Não se preocupe se você perceber que não é bom em algumas das coisas pelas quais é apaixonado, pode se tornar melhor com a prática. Depois de descobrir sua verdadeira paixão, você pode passar para a próxima etapa.

Faça uma viagem ao fundo da sua memória

Fazer uma viagem pela estrada da memória e revisitar sua infância é outra maneira de encontrar sua paixão. À medida que envelhecemos, começamos a nos desconectar das coisas que mais significaram para nós durante a nossa infância.

Para ajudá-lo a encontrar sua paixão, revise sua infância e pense nas coisas que você amava fazer naquela época. Você pode encontrar sua paixão durante a sua visita.

Procure pessoas que você deseja imitar

> Haverá pessoas em sua vida que o inspirarão a seguir seus objetivos.

Haverá também aquelas pessoas em sua vida que alcançaram o tipo de sucesso que você sempre sonhou. Para descobrir sua paixão, descubra como eles fizeram isso e o que os fez focados e determinados o suficiente para alcançar seus sonhos.

Este exercício irá ajudá-lo a se tornar apaixonado e focado em seus objetivos. Ele também lhe dá a mudança para descobrir que um modelo a ser seguido. Identificar um modelo irá ajudá-lo a descobrir o que você está apaixonada.

Desenvolva a sua criatividade

Navegue por revistas e sites e reúna as imagens, recortes de jornal, poemas, artigos e outros materiais relacionados às coisas que você gosta e que o inspiram.

Coloque esses elementos em um grande cartaz, certificando-se de ter colunas separadas para cada interesse. Comece a construir cada interesse e pense em ideias criativas para criar um negócio fora de seus interesses.

Você estará repleto de ideias para os interesses pelos quais você é apaixonado. Não pare até que você tenha descoberto um plano mestre para criar uma carreira fora desse interesse.

Não se concentre no dinheiro

Para descobrir o que você realmente ama, você precisa parar de se concentrar no dinheiro.

> **Você precisa se concentrar no que faz você se sentir vivo.**

Se você quiser desfrutar de uma vida de qualidade, então você precisa fazer algo que você ama, seja algo que vai fazer dinheiro ou não. Suas preocupações financeiras devem ser um pensamento secundário para sua paixão.

Parte 7

Enfrente seus medos

Você nunca poderá desenvolver sua coragem se não for capaz de acolher e abraçar seus medos de braços abertos. Se você é dedicado à sua missão, você tem que focar nela. Enfrentar e lutar contra seus medos é a única maneira de avançar e desenvolver coragem.

> **Mesmo as pessoas mais bem sucedidas do mundo não alcançaram seus objetivos rapidamente.**

Elas tiveram que enfrentar muitos desafios em sua jornada para o sucesso, mas sua força de vontade e determinação os ajudaram a continuar avançando.

Eles foram capazes de satisfazer seus medos de frente, porque todos eles possuíam a coragem que precisavam para seguir suas paixões e alcançar as metas que eles estabeleceram.

Fique confortável com medo

O primeiro passo que você precisa fazer é se sentir confortável com o fato de que os medos e desafios existem. Quando você os rejeita e o desejo tem que seguir em frente sem encontrá-los, você fica com medo deles no momento em que os experimenta.

Entretanto, quando você se reconciliar com o fato de que medos e desafios são uma parte inevitável da jornada empreendedora, você começará a entender que, quando os enfrentar, começará a reduzir sua ansiedade.

Para ajudá-lo a se sentir confortável com a do medo, você precisa dizer a si mesmo que:

"Os medos são parte da vida e tudo bem se eu me deparo com obstáculos no caminho para o sucesso. Vou lutar e acabar com eles e sair vitorioso".

Quando você diz isso a si mesmo cerca de 20 vezes em poucos minutos, seu medo começará a diminuir automaticamente.

Você também precisa anotar todos os seus medos para poder validá-los. Este exercício ajuda você a entender que haverá obstáculos que você terá que enfrentar em sua jornada para o sucesso empresarial.

Faça seus pensamentos positivos se tornarem seus pensamentos dominantes

> **Acredita-se que nutrir pensamentos positivos o ajudem a atrair sucesso, prosperidade e abundância.**

Isso é o que é conhecido como a lei da atração. A melhor maneira de manter o medo à distância é tornar seus pensamentos positivos dominantes em relação aos negativos. Isso pode ser feito com afirmações diárias.

Afirmações são as sugestões positivas que você alimenta sua mente para fazer acreditar que você só experimentará coisas boas e que você está alcançando seus objetivos.

Ao criar afirmações positivas, você está fazendo com que sua mente gere pensamentos positivos. Esses sentimentos positivos começam a dominar os negativos, trazendo coisas interessantes para sua vida.

Para praticar afirmações, você precisa criar uma sugestão positiva com base em seu objetivo ou medo e repeti-la diariamente. É vital que você mantenha seu centro de sugestões no presente.

Por exemplo, em vez de dizer "Eu vou me tornar bem-sucedido", sua afirmação poderia ser a seguinte: "Eu sou bem-sucedido". Logo abaixo estão algumas afirmações positivas que você pode começar a usar em sua vida.

- Eu sou incrivelmente bem-sucedido porque sempre penso positivamente.
- Acho fácil enfrentar meus medos e superá-los para emergir vitoriosamente.
- Meu otimismo me dá força para superar desafios e encontrar sucesso.

Comece pequeno

O medo vem em muitas formas e tamanhos diferentes. Nem todo medo que você irá enfrentar será muito grande ou grandioso. Mesmo o menor dos medos tem poder suficiente para te quebrar em um milhão de pedaços.

> **Uma excelente maneira de combater seus medos é começar pequeno e seguir em frente.**

Assim como você divide tarefas maiores em várias tarefas menores para tornar a tarefa mais fácil de gerenciar, você precisa dar pequenos passos para enfrentar seus medos. Começar pequeno o ajuda a reduzir seu medo e o força a agir em vez de amaldiçoar seus medos.

Continue praticando

> **Como diz o ditado, a prática leva à perfeição.**

Quando você começar a lutar contra seus medos, você terá casos em que eles retornarão. Cada vez que seu medo retorna, os obstáculos parecem crescer, eventualmente forçando você a parar de lutar contra seus medos.

No entanto, uma vez que você pare de lutar contra seus medos, você mostra a eles que não se atreve a continuar a lutar, deixando-os para dominá-lo. Se você quer superar os desafios e enfrentar seus medos, precisa continuar praticando.

A primeira vez que você perder, você precisa dar um passo para trás e analisar todo o cenário para determinar o que deu errado.

Então você precisa tentar novamente, usando as novas estratégias que você criou. Você falhará várias vezes em sua missão, mas sua prática e perseverança acabarão por terminar a batalha, permitindo que você emerja com sucesso.

A perseverança é um traço essencial que você precisa desenvolver em si mesmo se quiser se tornar bem-sucedido.

Não fique na escassez

As pessoas que desistem quando as coisas começam a ficar difíceis tendem a insistir na escassez. Isso é porque eles não podem conseguir nada significativo, resultando em aceitar o pouco que eles têm e os impede de se esforçar mais. Apesar de ser feliz com o que você tem é ótimo, porque te deixa contente, você nunca deve insistir na escassez.

Começar com essas etapas ajudará você a progredir no alcance de suas metas.

Auto apreciação irá encorajá-lo a enfrentar seus desafios com uma força mais significativa.

Parte 8

Construa sua perseverança

Perseverança é definida como a capacidade de se ater aos seus objetivos e persegui-los, mesmo em meio a desafios e retrocessos. Você perde todos os seus ativos, fica fisicamente doente e encontra um milhão de outros obstáculos em sua jornada rumo ao sucesso, mas continua avançando em direção ao seu objetivo.

Você continua se movendo em direção ao seu objetivo, mesmo depois de perder tudo, você segue em frente e finalmente realiza seus objetivos.

> **É precisamente isso que a perseverança faz e é uma característica que todas as pessoas têm em comum.**

Eles perseveram e nunca ficam no banco de trás quando são forçados a enfrentar um desafio. É exatamente por isso que eles são bem-sucedidos e, se você quiser ter sucesso em sua jornada, também precisará desenvolver a perseverança.

Aqui estão as coisas que você pode fazer para aprender sobre persistência e construir sua resistência.

Conheça seu objetivo

O primeiro passo para desenvolver sua perseverança é saber exatamente o que você deseja alcançar. Você precisa identificar o que você quer para que você saiba o que você precisa para trabalhar até o final. Como você já aprendeu como encontrar sua paixão e seus objetivos para a vida toda no capítulo seis, sabe o que fazer.

Remova qualquer autodúvida que você possa ter

Em sua jornada para alcançar o sucesso, você encontrará inúmeros obstáculos e desafios. Um dos obstáculos mais assustadores e debilitantes que você terá que superar será sua dúvida.

Pode chegar um momento em que você trabalha para alcançar seus objetivos quando começar a duvidar de suas habilidades e perder sua confiança, dificultando que você continue avançando. É por isso que é importante para você descobrir como remover a insegurança da equação e substituí-la por persistência.

Faça uma lista de todos os seus pontos fortes e concentre-se naqueles por um tempo.

> **Diga-se coisas positivas sobre si mesmo e diga a si mesmo que suas forças são suficientes para levá-lo adiante.**

Além de se concentrar em seus pontos fortes, você precisa preparar afirmações sobre sua dúvida e dizer a si mesmo que tem fé em suas habilidades. Repita essas declarações várias vezes ao dia, e dentro de algumas semanas, você descobrirá que seu autoconhecimento foi reduzido.

Acompanhe o seu progresso registrando as etapas que você realiza em sua jornada.

Isso ajudará você a acompanhar seu desempenho e permitir que você se torne consciente de suas realizações. Quando você faz uma anotação de suas conquistas menores, você fica estimulado e para de duvidar de si mesmo.

Mantenha suas emoções em cheque

Em sua jornada para o sucesso empresarial, você encontrará muitos eventos estressantes. Você pode até ficar preso a eles. Fazer isso só vai drenar você da energia que você poderia estar usando para fazer algo mais produtivo.

Um componente crítico da preservação é aperfeiçoar sua capacidade de manter suas emoções sob controle e liberar as tensões. Manter a calma durante momentos estressantes pode ajude-o a economizar sua valiosa energia para depois usá-la melhor. Isso pode ser mais fácil dizer do que fazer, mas você sempre quer tentar.

Para ficar legal, você precisa levar algum tempo para pensar antes de falar ou agir. Quando algo perturbador acontecer, aprenda a se afastar da situação e respirar fundo várias vezes. Abster-se de falar ou agir em um pensamento até que você tenha pensado completamente sobre o assunto.

> **Tome cinco a seis respirações profundas, inspirando pelo nariz e soltando o ar bem devagar pela boca.**

Você começará a sentir seu estômago se distender enquanto inspira e expira. Logo você notará que sua raiva já começou a diminuir, dando-lhe a claridade de perceber que você estava chateado com nada. Uma vez que você possa acalmar a tempestade, você pode pensar de forma clara e racional, ajudando você a economizar tempo e energia valiosos.

Conheça seus valores essenciais

A maneira mais apropriada para você avançar em qualquer situação é ter uma compreensão firme de seus valores fundamentais. Conhecer seus valores essenciais também o manterá focado em avançar para alcançar seus objetivos. Suas principais crenças são os valores que você defende e os princípios que você segue em sua vida diária.

Para descobrir quais são seus valores centrais, você precisa ler sobre diferentes tipos de perspectivas e descobrir quais conceitos, questões, ideias e crenças você tem a impressão de ter. Quando você encontrar algo que o mova ativamente, passe algum tempo meditando nele para saber o que sua consciência diz sobre isso.

Para meditar em algo, você precisa encontrar um lugar tranquilo para se sentar e pensar sobre o assunto que influenciou você. Respire fundo algumas vezes antes de começar a refletir sobre isso. Isso ajuda a relaxar a mente e desacelera seus pensamentos, permitindo que você se concentre em um único tópico.

Quando você começar a relaxar, você vai querer começar a refletir sobre o assunto e deixar seus pensamentos fluírem livremente. Descubra o que sua mente tem a dizer sobre o assunto e preste atenção em como você se sente sobre isso.

Esta prática ajuda você a formar os valores fundamentais que você sempre defenderá. Isso gradualmente moldará sua perseverança.

Continue avançando

Depois de passar pelas etapas anteriores, você precisa continuar avançando. Você já entende que os obstáculos e contratempos fazem parte da jornada, e você sabe o que precisa executar e aproximar-se de seus objetivos.

Agora é a hora de dar um grande impulso e seguir em frente em direção aos seus objetivos.

Haverá dias durante sua jornada quando você não tiver motivação para concluir as etapas necessárias para se aproximar de sua meta. Naquela época, você precisa continuar com isso e persistir. Quando você tiver um revés, reserve algum tempo para se acalmar e se reagrupar; rapidamente voltando aos trilhos e avançando.

Não se dê muito tempo para relaxar, porque quando você permanecer estagnado por muito tempo, começará a perder a motivação e o interesse pelo seu objetivo.

Quando você sentir decepção, diga a si mesmo que não é o fim do mundo. Em vez de pensar que não há saída, lembre-se por que seu plano tomou um rumo inesperado. Diga a si mesmo que existe esperança e acenda a centelha de positividade que está em você e você não acabará cedendo aos seus medos.

Como lidar com problemas inesperados

Uma parte vital de permanecer persistente e construir a perseverança é lidar com os inesperados desafios e obstáculos que você experimenta da maneira certa.

Você precisa lidar com os obstáculos e falhas que encontra de forma racional, para que possa aprender com seus erros. Aqui estão algumas maneiras de lidar com problemas inesperados.

Enfrente a dura realidade

Você precisa encarar as duras realidades e desafios que você enfrenta na vida. Não é algo fácil de fazer, mas, ao fazer isso, você recebe uma vantagem sobre todos os outros. Isso ajudará você a gerenciar a si mesmo através de cada problema.

Em vez de ignorar um problema, você precisa ver o que é, para descobrir como lidar melhor com ele. Você precisa ser sincero e honesto consigo mesmo a esse respeito. Você também precisa parar de jogar o jogo da culpa. Você tem o poder sobre si mesmo, e se você não tiver feito nada certo, a culpa é sua, então a única pessoa que você pode culpar é você mesmo.

Finalmente, você precisa parar de adiar as coisas até amanhã se souber que pode fazer algo hoje. Lide com quaisquer problemas que surgirem à medida que surgirem.

Pesar cuidadosamente as opções

Quando surge um problema, você precisa tomar uma decisão cautelosa, lógica e racional sobre como lidar com o problema, em vez de tomar uma decisão precipitada e lamentar isso mais tarde. Pesar suas opções cuidadosamente ajudará você a elaborar um plano estratégico para avançar com seus objetivos.

Por mais importante que seja analisar a situação por conta própria, também é sensato obter uma opinião de alguém que tenha experiência no assunto.

Consulte-os e considere suas sugestões. Em seguida, reserve um tempo para avaliar os prós e contras. Analise o problema pela última vez e crie vários planos que possam combatê-lo. Depois de ter desenvolvido várias soluções, avalie cada uma individualmente e, em seguida, opte pela solução mais lógica.

Ouça a sua voz interior

Sua voz interior ou consciência deve ser o seu último fator decisivo. Depois de analisar todo o problema inesperado, você precisa ouvir sua voz interior para ver o que ela tem a dizer.

Sente-se em algum lugar tranquilo e concentre-se em toda a situação, feche os olhos e pense no problema. Você começará a ouvir algumas vozes, ou talvez até veja algumas imagens. Esta é a sua consciência, fornecendo-lhe uma mensagem. Aproveite o tempo para refletir sobre o que está dizendo para que você possa compreender a mensagem. Isso ajudará você a dar o passo certo para frente.

Depois de concluir essas etapas, você precisa se defender e defender sua decisão. Você pode muito bem ter feito a escolha errada, mas é importante não recuar e aprender com o erro. É assim que as pessoas bem-sucedidas obtêm insight e avançam em seu caminho.

Para você avançar em seu caminho para o sucesso empresarial, você precisa dominar como ser resiliente em tudo que você deseja realizar.

Parte 9

Torne-se mais resiliente e aumente sua teimosia

Ao iniciar sua jornada para a perseverança, você precisa trabalhar sua resiliência e sua teimosia. Essas duas qualidades são essenciais para você desenvolver e fortalecer sua coragem. Para estabelecer a robustez que você precisa para ter sucesso nos negócios, é necessário concluir as etapas a seguir.

Mantenha sua mente e corpo saudáveis

Uma mente nebulosa e um corpo fora de forma impedem que você seja capaz de superar os obstáculos que estão em seu caminho. É por isso que é tão vital para você nutrir adequadamente seu corpo e sua mente e trabalhar para mantê-los saudáveis.

Você precisa tomar medidas diárias para garantir que tanto o corpo quanto a mente estejam em um estado saudável para que você possa permanecer saudável e resistente nos momentos mais difíceis.

Para fazer isso, você precisa se certificar de que você está comendo refeições sensatas e nutritivas. Por exemplo:

- cortes magros de carne
- grãos integrais
- laticínios
- sementes e nozes
- óleos essenciais
- frutas e legumes frescos

É imperativo que você evite comer alimentos que contenham ingredientes artificiais e processados, gorduras trans e organismos geneticamente modificados. Você deve aumentar sua ingestão diária de água, para que você possa regular melhor o seu metabolismo e outros processos que ocorrem dentro do seu corpo.

> **Fazendo tudo isso irá mantê-lo saudável e ativo.**

Você precisa ter certeza de permanecer ativo, fazendo pelo menos 30 minutos de exercício por dia. Isso pode ser qualquer coisa, desde ioga, natação, corrida, aeróbica ou qualquer coisa que faça seu coração acelerar. O exercício regular ajuda a melhorar sua resistência, força e inteligência.

Também é essencial dormir o suficiente todos os dias. Atire de sete a oito horas por noite, com uma soneca de 30 a 60 minutos durante o dia.

Mantenha tudo em perspectiva

Para que você permaneça focado em seu objetivo, é vital que você mantenha as coisas em perspectiva.

Para fazer isso, você vai querer manter um registro de todas as atividades que você realiza e seus resultados. Você também deve aprender a viver no presente, para não se distrair com o que já aconteceu ou com o que pode acontecer no futuro.

Quando você perde sua perspectiva, corre o risco de se perder na armadilha da negatividade e se preocupar incessantemente sem razão.

> **É por isso que é tão importante viver no momento e permanecer focado no que você tem atualmente.**

Para viver verdadeiramente no momento, você deve se dedicar a praticar uma conversa interna positiva e manter sua mente focada em tudo o que você tem atualmente. Você também precisa se envolver totalmente nas diferentes atividades em que participa atualmente, para não perder o foco. Para obter uma visão melhor de um problema que você pode estar enfrentando, tente olhar para ele da perspectiva de outra pessoa.

Coloque-se no lugar dos outros e tente sentir suas emoções enquanto você trabalha com o assunto.

Cultive sua espiritualidade

Uma boa maneira de aprimorar a sensação de que você faz parte de algo maior é nutrir sua espiritualidade. Estar conectado com sua espiritualidade ajuda você a identificar seu propósito quando você o perder de vista.

Para ajudá-lo a nutrir sua espiritualidade, você precisa meditar sempre que possível.

Para obter todos os benefícios da meditação, você precisa encontrar um espaço tranquilo onde possa sentar-se confortavelmente e respirar naturalmente. Concentre-se em sua respiração.

Quando você sentir seus pensamentos, começar a se desviar e se distrair, traga sua mente de volta à sua respiração. Gaste 10 minutos por dia fazendo isso até que você possa se concentrar com sucesso em sua respiração durante toda a sessão. Quando você puder se concentrar em sua respiração para a sessão inteira com sucesso, você pode começar a prolongar sua meditação.

Isso ajudará você a ter uma visão melhor de como sua mente funciona e permitirá que você bata em seu lado espiritual.

Para construir sua resiliência e desenvolver sua coragem, você deve permanecer fiel ao seu objetivo e praticar essas etapas regularmente. Além disso, você tem que ser teimoso.

Por que a teimosia é uma parte importante da coragem

> **Quando você ouve a palavra teimosa, o que você acha?**

Se você é como a maioria das pessoas, instantaneamente imagina alguém que tenha maus modos e um mau humor.

A teimosia tem uma má reputação e é frequentemente associada a traços negativos como defensiva, egocêntrica, excessivamente competitiva e controladora. Enquanto muitas dessas características são mantidas por pessoas que são teimosas, ser teimoso não é uma coisa totalmente ruim, especialmente quando se trata de coragem.

De acordo com o estudo de **Angela Duckworth**, a teimosia é uma característica crucial da coragem. Dá-lhe o poder de avançar com seus objetivos e ideias.

Ajuda-te a saber o que desejas

Não ser facilmente impressionado com todas as outras opiniões que surgem em seu caminho não significam que você seja egocêntrico e teimoso. Apenas diz que você

sabe exatamente o que quer. Pessoas corajosas são teimosas porque as ajuda a entender precisamente o que
elas querem e não querem em suas vidas.

Quando você é claro sobre seus objetivos, você pode
tomar a decisão certa e perseguir seus objetivos sem se
distrair. Pessoas corajosas têm um foco incrível graças à
sua teimosia. É por isso que é bom ser teimoso se você
quiser desenvolver sua coragem.

Faz você perseverar em todos os momentos

Quando os outros tropeçam durante uma tempestade, você pode manter a cabeça erguida, por causa de
sua teimosia. Isso ajuda você a entender que desafios e
contratempos são inevitáveis e que em algum momento
eles passarão, permitindo que você persevere em vez de
desmoronar.

A teimosia é a razão pela qual pessoas corajosas e
bem-sucedidas podem cumprir todas as metas que estabelecem.

Faz você ficar por seus valores

Ser teimoso significa que você está ciente de seus princípios fundamentais e que você estará ao lado deles, não importa o quê. Isso significa que você não vai seguir as multidões e fazer algo que você não quer fazer.

A teimosia é o que faz com que as pessoas de sucesso se mantenham fiéis aos seus valores e se atenham ao que acreditam ser mais importante.

Isso faz você desafiar as probabilidades.

Parte 10

Aumente sua confiança, otimismo e criatividade

Confiança, otimismo e criatividade são três dos elementos mais proeminentes da coragem.

- Sua confiança é o que faz você acreditar em si mesmo e aumenta sua autoestima.
- Seu otimismo ajuda você a pensar positivamente, mesmo durante os piores momentos.
- A sua criatividade permite-lhe procurar soluções para os seus problemas e permite-lhe lidar com situações complicadas.

As seções a seguir mostrarão como você pode começar a desenvolver essas qualidades, facilitando a construção de sua determinação.

Dicas para aumentar sua autoconfiança

Aqui estão algumas dicas comprovadas que ajudarão você a aumentar sua autoconfiança facilmente.

Praticar Afirmações Positivas

A melhor maneira de desenvolver sua autoconfiança é praticar afirmações positivas diariamente. Você só precisa criar uma sugestão positiva que ajude a garantir que você está confiante.

> **Diga sua sugestão positiva em voz alta, de novo e de novo.**

Encontre um lugar calmo e pacífico para limitar as distrações. Aqui estão algumas afirmações de confiança que podem ajudar você a começar.

- Com cada respiração, eu exalo o estresse e inalo a confiança.
- Eu sou bem-sucedido em tudo que faço porque estou incrivelmente confiante e seguro de mim mesmo.
- A cada momento que passa, minha confiança se multiplica.

- É fácil sentir-se confiante e relaxado.
- Tenho total confiança em mim e em minhas habilidades.

Você começará a reconhecer uma melhora notável em sua autoestima ao praticar essas sugestões pelo menos 20 minutos por dia durante duas semanas.

Se você não puder praticá-las por 20 minutos de cada vez, uma vez por dia, poderá dividi-las em duas sessões de 10 minutos, duas vezes por dia, ou até sessões de cinco minutos, quatro vezes por dia. A coisa mais importante a lembrar é que você precisa praticar todos os dias para perceber os benefícios.

Praticar posturas de alta potência

A professora da **Harvard School of Business**, **Amy Cudy**, descobriu durante sua pesquisa que existem posturas corporais específicas, conhecidas como posturas corporais de alta potência, que aumentarão os níveis de testosterona e reduzirão os níveis de cortisol.

O cortisol e a testosterona são hormônios que o seu corpo produz e estão ligados a torná-lo estressante e melhorar sua confiança, respectivamente. Seu nível de confiança começa a melhorar quando essas mudanças ocorrem em seu corpo.

Cudy também mostrou que a linguagem corporal de alto poder é uma das razões pelas quais as pessoas bem-sucedidas são corajosas e capazes de realizar seus objetivos com mais eficiência, porque seus níveis de cortisol são extremamente baixos em comparação com os níveis de testosterona. Para ajudar sua confiança a alcançar níveis incrivelmente altos, você deve incorporar a linguagem corporal de alto poder em sua vida diária.

Estar sempre preparado

Uma maneira de aumentar sua confiança é estar preparado para as coisas que você planeja fazer.

Muitas vezes, perdemos a nossa confiança porque tememos que não saibamos tudo sobre um assunto e estamos com medo de que algo surja e abale nossa confiança. Para combater esse medo, sempre tente se preparar para todas as tarefas em que você participa.

Acompanhe as suas conquistas

Manter um registro do que você faz ajudará você a acompanhar tudo o que você realiza. Isso permite que você olhe para eles de tempos em tempos e sinta uma sensação de orgulho. Isso também incentiva você e ajuda você a entender que você tem o que é preciso para realizar tudo o que você se propõe a fazer.

Vestir a parte

Vestir-se agudamente desempenha um papel significativo no desenvolvimento e aumento da sua auto-estima. Isso porque quando você está bem, você se sente bem. Quando você se sente bem, sua confiança aumenta.

Além disso, quando você toca a peça e olha com perspicácia, as pessoas pensarão que você tem o comando completo sobre o assunto e o ouvirá atentamente.

Fale Claramente e Lentamente

As pessoas tendem a perder rapidamente o interesse em um tópico quando você apressa sua apresentação.

Quando você fala de forma clara e devagar, mais do que provavelmente atrairá mais atenção, porque as pessoas serão capazes de entender o que você está falando.

> Falar clara e devagar ajuda as pessoas a sentir que você sabe o que está dizendo e tem o comando completo do tópico.

Assim que você perceber que as pessoas estão percebendo o que você está dizendo, verá um aumento imediato em sua confiança.

Dicas para impulsionar seu pensamento positivo

Para sair de situações confusas e adversas, você precisa desenvolver um pensamento positivo. Aqui estão algumas estratégias convincentes para impulsionar sua abordagem otimista, para que você sempre pense com otimismo e continue construindo sua coragem.

Medite Regularmente

A meditação regular pode ajudá-lo a se tornar mais positivo com o tempo. A meditação também permite que você construa habilidades e qualidades valiosas que tendem a permanecer com você por um longo tempo; isso inclui areia.

Quando você medita regularmente, começa a mostrar maior concentração, atenção plena e positividade. Siga as orientações compartilhadas com você anteriormente neste livro e comece a fazer da meditação uma parte diária de sua vida.

Escreva sobre suas experiências positivas

Escrever sobre suas experiências positivas pode levar a que você tenha melhores e melhores níveis de humor e menos doenças. Para desenvolver e fortalecer sua coragem, você deve criar o hábito de escrever suas experiências positivas todos os dias e pensar nelas por cerca de 10 minutos.

Isso ajudará a estimular a produção de pensamentos positivos e saudáveis, levando a uma melhora em seu estado de bem-estar.

Faça coisas que você gosta

Programe o tempo durante a semana para fazer coisas que você gosta de fazer. Isso pode ajudar a acalmar sua mente e aumentar os níveis de serotonina em seu corpo.

A serotonina é um hormônio ligado a melhorar seu humor. Quando você aumenta seus níveis de serotonina, você se torna mais feliz e pensa em pensar mais positivamente em sua vida e no mundo ao seu redor.

Incorporar essas estratégias em sua vida para ajudá-lo a desbloquear sua confiança interior e pensamento positivo.

Dicas para acessar seu lado criativo

Aqui estão algumas estratégias fáceis para desenvolver sua criatividade e impulsionar suas habilidades inovadoras.

Re-conceituar o problema

Os indivíduos criativos têm o hábito de reconceituar um problema antes de começarem a realizar uma tarefa inovadora ou criarem uma criação imaginativa.

Para fazer isso, você precisa analisar um problema de uma perspectiva diferente. Tente perguntar ao seu sistema de suporte como eles percebem uma situação e, em seguida, tente pensar sobre isso de sua perspectiva.

Isso pode ajudá-lo a lidar com qualquer situação de diferentes ângulos e encontrar soluções criativas.

Anote Ideias

Quando você começa a debater ideias, é uma boa ideia fazer anotações em um diário, qualquer coisa que venha à sua mente, mesmo que seja uma única palavra. Ideias tendem a desaparecer assim que surgem em seu cérebro, colocando-as no papel as tornam concretas.

Exercício de Pensamento Contra factual

O pensamento de contraposição é mais conhecido como a teoria do "e se", que afirma que, se você se questionar sobre a possibilidade de coisas diferentes relacionadas a um problema ou ideia, você pode encontrar soluções inventivas e, ao mesmo tempo, aumentar sua criatividade.

Para praticar essa teoria em sua vida diária, você precisa se perguntar: "O que mais eu posso fazer?" ou "O que pode ter sido?" Quando você se faz esses tipos de perguntas, sua mente começa a procurar respostas para elas.

Isso porque nossos cérebros foram projetados para aceitar perguntas e procurar por suas respostas. Quando sua mente está no modo de pensamento ativo, você começa a debater e analisar os problemas de uma perspectiva diferente. Isso ajuda a impulsionar seu poder inovador e ajuda você a se tornar mais criativo.

Para explorar seu lado criativo e aproveitar o poder da criatividade, realize esses exercícios e aumente sua disposição.

Conclusão

As pessoas que alcançam o maior sucesso em suas vidas não são aquelas que encontraram uma maneira de evitar cometer erros ou encontrar obstáculos.

As pessoas mais bem-sucedidas sabem que erros e desafios são uma parte inevitável da vida e são aqueles que estão dispostos a seguir em frente depois de cometer erros e passar por falhas.

> **Essas pessoas têm o que é conhecido como determinação.**

Sua determinação é o que mais importa para ter sucesso ou não em seu empreendimento.

Agora você foi mostrado o caminho para o desenvolvimento de sua coragem e aproveitando seu incrível poder para se tornar um empreendedor de sucesso. Você aprendeu o que é preciso para se tornar uma pessoa mais corajosa e superar os desafios atuais da vida.

Seguir este conselho irá ajudá-lo a tornar-se mais corajoso, permitindo-lhe desfrutar de mais sucesso e realizar tudo o que se propõe a fazer.

Conhecer as características que cada empreendedor possui e como você pode nutrir seu espírito empreendedor pode ajudá-lo no caminho para desenvolver sua determinação e ao longo de sua jornada para se tornar um empreendedor de sucesso.

Leve estas lições ao coração e volte para elas sempre que puder, e enfrente desafios e retrocessos em sua jornada empreendedora. Qualquer um pode se tornar um empreendedor, mas apenas os mais corajosos conseguem encontrar sucesso ao longo da vida.